Moralische Urteile über den Protagonisten in "Verbrecher aus Infamie" (Schiller) und "Lebens-Geschichte Fridrich Schwans" (Abel). Ein formaler und inhaltlicher Vergleich

GRIN ☺

Bibliografische Information der Deutschen Nationalbibliothek:

Die Deutsche Nationalbibliothek verzeichnet diese Publikation in der Deutschen Nationalbibliografie; detaillierte bibliografische Daten sind im Internet über http://dnb.d-nb.de abrufbar.

ISBN: 9783346752963
Dieses Buch ist auch als E-Book erhältlich.

© GRIN Publishing GmbH
Nymphenburger Straße 86
80636 München

Druck und Bindung: Books on Demand GmbH, Norderstedt Germany
Gedruckt auf säurefreiem Papier aus verantwortungsvollen Quellen

Das vorliegende Werk wurde sorgfältig erarbeitet. Dennoch übernehmen Autoren und Verlag für die Richtigkeit von Angaben, Hinweisen, Links und Ratschlägen sowie eventuelle Druckfehler keine Haftung.

Das Buch bei GRIN: https://www.grin.com/document/1290034

Albert-Ludwigs-Universität Freiburg

Deutsches Seminar

Einführung in die neuere deutsche Literatur

Seminar „Techniken und Methoden"

Sommersemester 2022

Verbrecher aus Infamie und *Lebens-Geschichte Fridrich Schwans:*
Inwiefern unterscheiden sich die moralischen Urteile über den Protagonisten?

Ein formaler und inhaltlicher Vergleich.

Inhaltsverzeichnis

Vorbemerkung

Für die vorliegende Hausarbeit wurde die erste Fassung Schillers Werks verwendet, die im Vergleich zu der neueren Fassung den Titel *Verbrecher aus Infamie* statt des Titels *Verbrecher aus verlorener Ehre* trägt. Schiller selbst nahm die Veränderungen an Text und Name vor. Maßgebliche Änderungen am Text sind das Kürzen von z.b. Vorwort oder das Auslassen von anstoßenden Begriffen. Diese Änderungen wurden vorgenommen, um die Anstößigkeit des Texts für die allgemeine Masse zu verringern.[1] Aus der literaturwissenschaftlichen Perspektive wird deswegen im Folgenden mit der ungekürzten Fassung gearbeitet. Nicht auszulassen sind hier auch die Beweggründe Schillers für die Namensänderung. Während das Wort *Infamie* größtenteils juristisch geprägt ist, zeugt die Bezeichnung *verlorene Ehre* von deutlich mehr gesellschaftlichem Einfluss und Tragweite. Deswegen sollte der neue Titel beim Lesen der Arbeit keineswegs außer Acht gelassen sein.

1. Einleitung

„Die Richter sahen in das Buch der Gesetze, aber nicht *einer* in die Gemütsfassung des Beklagten."[2]

Mit seinem 1786 erschienenem Werk *Verbrecher aus Infamie* erschuf Schiller ein Novum in der Gattung der Kriminalliteratur. Wo zuvor das Interesse auf der Tat lag, auf deren Aufklärung und Vergeltung, setzte sich Schiller hingegen intensiv mit dem Täter und seinen Beweggründen sowie seiner Hintergrundgeschichte auseinander.[3] Als entschiedenes Ziel dabei ist auch Schillers Kritik an der damaligen Justiz, dem Strafrecht und dem Umgang mit Verbrechern auszumachen.[4] Schon aus dem vorangegangenem Zitat ist herauszulesen, wie Schiller beklagt, dass bei der Bestrafung

---

[1] Vgl. dazu: AUERNHAMMER, Achim: Engagiertes Erzählen. „Der Verbrecher aus verlorener Ehre" In: Ders.: Schiller und die höfische Welt. Tübingen, 1990, 1-2.

[2] SCHILLER, Friedrich: Verbrecher aus Infamie. In: Deutscher-Klassiker-Verlag, 568.
Im Folgenden werden die Referenzen auf den Quellentext im Fließtext mit: (VAI, Seitenzahl) angegeben.

[3] Vgl. Dazu: AVERIGNOU, Sophia: Aufklärerische Botschaft und Erzähltechnik in Schillers *Verbrecher aus verlorener Ehre*". In: German Life and Letters 68, 2014, 3.

[4] OETTINGER, Klaus: Schillers Erzählung „Der Verbrecher aus Infamie". Ein Beitrag zur Rechtsaufklärung der Zeit. In: Martini, Fritz. Müller-Seidel, Walter. Zeller, Bernhard: Jahrbuch der deutschen Schillergesellschaft. Bd. 16, Stuttgart, 1972, 267.

eines Verbrechers nie auf dessen Person und Charakter geachtet wird, dass stets nur die Tat und nicht die Tatumstände beurteilt werden.

Obwohl Schillers Justizkritik durchaus revolutionär war, gehen die Meinungen der Forschung über die Modernität seiner Ideen und Argumente im *Verbrecher aus Infamie* auseinander. So gibt es einerseits das Lager um Klaus Oettinger, das besagt, dass schon wegen Schillers Ausbleiben vom Bezug auf jegliche theologische Horizonte die Kritik sehr modern sei. Schiller unterstütze durch sein Werk das Prinzip der Versöhnung gegenüber dem damals üblichen Prinzip der Vergeltung.[5]

Die neuere Forschung hingegen, darunter Sophia Averignou oder Achim Auernhammer, bezieht sich insbesondere eben auch auf Schillers theologische Anspielungen im *Verbrecher aus Infamie.*[6] Des Weiteren ist man der Auffassung, dass Schiller Strafen an sich als legitimes Mittel der Vergeltung sehe.[7]

Inwiefern Schiller moralisch über unseren Protagonisten urteilt, soll im Folgenden genauer untersucht werden. Dafür wird neben Schillers Werk *Verbrecher aus Infamie* auch das Werk seines Lehrmeisters Johann Friedrich Abel *Lebens-Geschichte des Fridrich Schwan*, welche sich auf dasselbe historische Vorbild bezieht, herangezogen. Durch einen formalen und inhaltlichen Vergleich soll Schillers Position gegenüber der vergleichsweise objektiveren und faktennäheren Erzählung Abels herauskristallisiert werden.

2. Hauptteil

2.1. Die Vorreden

Sowohl Schiller als auch Abel setzen vor ihre Erzählung eine Vorrede, in der sie die erzählerische Intention ihres jeweiligen Texts erläutern. Während Abel in wenigen Paragraphen seine Vorstellungen niederschreibt[8], erörtert Schiller ausgeschmückt über Seiten hinweg seine Vorhaben bezüglich der Wirkung seiner Erzählung (VAI, 562-565).

---

[5] Vgl. dazu: OETTINGER: Rechtsaufklärung, 269.

[6] Vgl. dazu: AUERNHAMMER: Engagiertes Erzählen, 266.

[7] Vgl. dazu: AVERIGNOU: Aufklärerische Botschaft und Erzähltechnik, 11.

[8] Vgl. dazu: ABEL, Jacob Friedrich: Lebens-Geschichte Fridrich Schwans. In: Steinbach, Dietrich: Friedrich Schiller „Verbrecher aus verlorener Ehre" Jacob Friedrich Abel „Lebens-Geschichte Fridrich Schwans" mit Materiealien. Stuttgart, 1983, 29-30.
Im Folgenden werden die Referenzen auf den Quelltext im Fließtext mit (LGFS, Seitenanzahl) angegeben.

Abels erklärtes Ziel ist die moralische Bildung. Als „Menschenkenner" will Abel sein Publikum über Gut und Böse, über die Moral und über Tugend aufklären und sie so zur moralischen Besserung führen.[9] Dabei setzt Abel ein Wissen über Gut und Böse als gegeben voraus und die moralische Norm der Gesellschaft als anerkannt. Indem er die Fehltritte des Protagonisten schildert, sollen sie Leser erkennen, „welche Wirkungen auf bestimmte Ursachen folgen" (LGFS, 29). Schon anhand dieser Formulierung lässt sich erkennen, dass Abel verbrecherische Taten als Folge einer Veranlagung sieht.

Die Geschichte soll also als „Schule der Weißheit" dienen, wobei diese nur von Belang sei, „sofern sie unsere Empfindungen, Neigungen und Handlungen bestimmt" (LGFS, 30). Abel will seine Leser über Moral und Weisheit belehren und so das Projekt der Aufklärung voranbringen.[10]

Ganz anders hingegen schildert Schiller seine Ziele. Genau wie man bei der Physiologie die besten Erkenntnisse durch Leichenöffnungen, Hospitale o.ä. erhält, müsse man mit der Psychologie umgehen. So lerne man am meisten über Moral und Seelenlehre, wenn man sich das Leben eines verbrecherischen Menschen anschaue (Vgl. dazu: VAI, 562). Schiller zweifelt an den festen Maßstäben der gesellschaftlichen Moral, für ihn könne man die Grenzen zwischen Gut und Böse genauso wenig eindeutig ziehen wie zwischen Mensch und Unmensch.[11] Schiller will seinen Lesern ein eigenes moralisches Urteil ermöglichen, er appelliert an „die republikanische Freiheit des lesenden Publikums" (VAI, 564).

> Entweder der Leser muß warm werden, wie der Held, oder der Held wie der Leser erkalten. (…) Der Held muß kalt werden wie der Leser, oder, was hier eben so viel sagt, wir müssen mit ihm bekannt werden, eh' er handelt, wir müssen ihn seine Handlung nicht bloß *vollbringen*, sondern auch *wollen* sehen (VAI, 564).

Um dieses freie Urteil zu ermöglichen will Schiller also dem Publikum mit dem Helden schon vor seinen Taten bekannt machen, zu einer Zeit, in der er noch genau so ein Mensch war, wie der Leser es selbst ist. Schiller lässt den Leser den Protagonisten kennenlernen, als er noch auf derselben moralischen Ebene stand wie er selbst und ermöglicht so einen

---

[9] Vgl. dazu: KIRCHMEIER, Christian: Die Moral des Verbrechers (Krippendorf, Schiller, Abel). In: Ebd.: Moral und Literatur. München, 2013, 17.

[10] Vgl. dazu: KIRCHMEIER: Moral, 18.

[11] Vgl. dazu: KIRCHMEIER: Moral, 11.

besseren Vergleich.[12] Dadurch will Schiller auch jene „Lücke" schließen, die durch den Kontrast der Gemütsstimmungen zwischen Leser und Protagonist klafft. Während der Leser ruhiger Stimmung ist, werde der Held häufig von heftigen Gemütsbewegungen getroffen. Um diese Lücke zu schließen, sei es wichtig, diesen Held „kalt" werden zu lassen, ihn kennenzulernen, als er noch auf der selben Ebene verweilte wie der Leser (Vgl. dazu: VAI, 563-64). So ermöglicht Schiller dem Leser eine Identifizierung mit dem Protagonisten.[13]

Als Anspruch an seine Erzählung, ja sogar als Anspruch an alle Geschichtsschreiber, sieht Schiller eine neutrale und objektive Erzähltechnik. Dabei spricht sich Schiller explizit dagegen aus, dass Leser durch „hinreißenden Vortrag bestochen" (VAI, 564) werden. Diese Art schränke nämlich das freie Urteil des Publikums ein – welches Schiller speziell fördern will.

Abel jedoch will die Begebenheiten nicht nur von der moralischen Seite darstellen, sondern sogar mit „Reiz", „Wärme" und „Stärke" ausdrücken (Vgl. dazu: LGFS, 30), um seine Absichten gegenüber dem lesenden Publikum durchzusetzen. Dies entspricht genau dem Gegenteil von Schillers Vorstellung einer richtigen Herangehensweise.

2.2. Die Entwicklung Schwans/Wolfs

Während Schiller seine Erzählung, wie in seiner Vorrede geschildert, mit der Kindheit und dem Aufwachsen seines Protagonisten beginnt, um den Leser nicht bereits in eine urteilende Position zu rücken, nimmt Abel die verbrecherischen Tätigkeiten des Helden vorweg:

> Fridrich Schwan (…) ward durch seine Räubereyen und Mordthaten, eben so wie durch seine außerordentliche Kühnheit und Geschicklichkeit, mit welcher er sie begieng, so berühmt, daß er lange der Gegenstand des allgemeinen Schreckens gewesen (…) ist (LGFS, 31).

---

[12] Vgl. dazu: KIRCHMEIER: Moral, 11.
[13] Vgl. dazu: KIRCHMEIER, Moral, 11.

So wird dem Leser schon beinahe die Möglichkeit genommen, ein eigenes moralischen Urteil zu fällen. Abel inszeniert seine Geschichte nicht als Medium, das jeder frei beurteilen kann, sondern vielmehr als „bloße Übermittlungsinstanz der Wahrheit".[14]

Ein entscheidender Unterschied ist auch direkt am Anfang zu erkennen. Abels Held trägt den Namen „Fridrich Schwan", den die historische Person des Verbrechers ebenfalls trug (mit vollem Namen: Johann Friedrich Schwahn).[15] Dies mag als Hinweis dazu dienen, dass Abel im Allgemeinen auch näher an der historischen Wirklichkeit bleibt als Schiller. Als erstes Indiz, dass Schiller den Stoff aus poetischer Freiheit so verändert, dass gesellschaftliche und psychologische Aspekte, die ihn besonders anziehen, hervorstechen,[16] dient gewiss Schillers Umbenennung seines Helden. Statt Fridrich Schwan trägt der Protagonist nun den Namen „Christian Wolf" (Vgl. anhand von: VAI):

> Nicht zufällig hat Schiller seinem Helden den sprechenden Namen Christian Wolf gegeben, der die Doppelnatur des Menschen zum Ausdruck bringt, da in Vor- und Nachname die gegensätzlichen Möglichkeiten zum Guten und Bösen hin (...) zusammenwirken.[17]

Dieser sprechende Name trägt einerseits das Böse anhand von einer Metapher der politischen Zoologie, die Merkmale des „bösen" Wolfs, in sich[18] und andererseits den „guten" Namen Jesu in Form des Vornamen *Christ*ian in sich. Dies verdeutlicht Schillers Auffassung, dass der Mensch sowohl gute, als auch böse Teile in sich trägt, bei denen die Möglichkeit besteht, dass sie zu Tage treffen.

Schiller gibt Wolf von Anfang an andere Attribute und Voraussetzungen als Abel seinem Schwan. So wird Wolfs Aussehen als unscheinbar und unangenehm beschrieben: „Die Natur hatte seinen Körper verabsäumt" (VAI, 565). Abel andererseits bringt direkt seine positiven Veranlagungen zu Ausdruck: „Schwan war von Natur aus mit außerordentlichen Anlagen des Geistes ausgerüstet" (LGFS, 31). Beide Autoren drücken jeweils entgegengesetzte Tendenzen aus. Wo Abel die Möglichkeiten, die einem Kind gegeben sind, betont, zeigt Schiller die Grenzen auf, die von Natur aus gesetzt sind.[19] Des

---

[14] Vgl. dazu: KIRCHMEIER: Moral, 18.

[15] Vgl. dazu: KIRCHMEIER: Moral, 7.

[16] Vgl. dazu: AUERNHAMMER: Engagiertes Erzählen, 254-55.

[17] Vgl. dazu: AUERNHAMMER: Engagiertes Erzählen, 258.

[18] Vgl. dazu: BORGARDS, Roland: Hirsche, Schweine, Hasen. Zum Tierbestand in Schillers *Verbrecher aus verlorener Ehre* und Abels *Lebens-Geschichte Friedrich Schwans*. In: Riedel, Wolfgang: Würzburger Schiller-Vorträge 2009. Würzburg, 2011, 65.

[19] Vgl. dazu: BORGARDS: Tierbestand, 66.

Weiteren lässt Schiller seinen Helden in widrigeren Umständen aufwachsen. Bei Schiller ist Wolfs Vater tot und er muss seiner Mutter bei der Wirtschaft helfen (Vgl. dazu: VAI, 565), während Abel Schwan mit „Eltern, die ihn sehr liebten" (LGFS, 31) aufwachsen lässt. Bei Schiller wird Wolf schon früh von der Gesellschaft verlacht, sein Anblick ließ alle Frauen zurückschrecken und seine Kameraden von ihm Spaß machen. Diese Verachtung hat schon früh seinen Stolz verletzt (Vgl. dazu: VAI, 566). Statt wie bei Schiller in der Opferrolle inszeniert zu sein, stellt Abel seinen Schwan schon früh als Übeltäter dar: Er sei leidenschaftlich und voll wachsender Begierde, seine Kinderspiele würden allmählich zu boshaften Bubenstücken und schon mit 8 Jahren verginge er sich an den Tieren der Nachbarn (Vgl. dazu: LGFS, 32-33). Von diesen Gewalttaten an Tieren soll daraufhin ein Übergang zu Gewalttaten an Menschen folgen.[20]

Der Einstieg in verbrecherische Taten wird ebenfalls von den Autoren jeweils anders inszeniert. Von seinen Neigungen und seiner Wollust getrieben, mangelt es Schwan an Geld, seine Bedürfnisse zu befriedigen, und so tut er den ersten Schritt und wird Wilddieb, um sich das Geld dafür zu beschaffen (Vgl. dazu: LGFS, 36). Ganz anders hingegen schildert Schiller diese Situation: Um zu „ertrotzen, was ihm verweigert war", setzt er es sich als Ziel, gemocht zu werden und wählte ein Mädchen namens Johanne, das er lieben wolle. Weil dieses arm war und sich leicht von Geschenken umgarnen ließ, wählte er „den Ausweg, *honett* zu *stehlen*" (VAI, 566). Somit ist es der Versuch, sich die weibliche Gunst durch Geschenke zu verschaffen, der ihn zum Gesetzesbruch bewegt.[21]

Abel lässt seinen Protagonisten zum ersten Mal ins Zuchthaus gehen, weil er seinem Vater Geld gestohlen und anderen Gewalt angedroht hat, als er ertappt worden ist (Vgl. dazu: LGFS, 37). Bei Schiller ist es der Nebenbuhler Robert, der ihn beim Wildern überführt und meldet, woraufhin Wolf als Strafe sein ganzes Vermögen büßen muss (Vgl. dazu: VAI, 566-67). Hierbei übt Schiller auch implizit Kritik an dem Rechtssystem aus. Während vermögende Verbrecher sich „freikaufen" können, muss der Arme direkt mit seiner persönlichen Freiheit büßen. Dies wird auch bei Wolfs zweiter Straffälligkeit deutlich: Von der Justiz zu einem Leben als Bettler verurteilt, prägen ihn „beleidigter Stolz, Not und Eifersucht, Rache und Leidenschaft, Hunger obendrauf" so, dass sein einziger Ausweg scheint, zu stehlen, um zu Leben.[22] Erneut wird er von Robert, der nun der einzige Liebhaber von Johanne ist, überführt.

---

[20] Vgl. dazu: BORGARDS: Tierbestand, 67.
[21] Vgl. dazu: AVERIGNOU: Aufklärerische Botschaft und Erzähltechnik, 10.
[22] Vgl. dazu: AVERIGNOU: Aufklärerische Botschaft und Erzähltechnik, 11.

Nachdem er zu einem Jahr Zuchthaus bestraft worden ist und dieses abgesessen hat, kehrt er zurück in seinen Geburtsort und sucht dort aus dringender Not eine Tätigkeit als Tagelöhner. Doch dort meidet man ihn schon, der Bauer lehnt seine Hilfe ab und sogar der Schweinehirt will ihm seine Schweine nicht anvertrauen (Vgl. dazu: VAI, 567). Gerade hieran kann man Schillers theologische Anspielungen gut erkennen. Die Geschichte seines Helden weist eine Parallele zum biblischen Gleichnis des verlorenen Sohns auf.

„Während jedoch dem biblischen Vorbild noch der Ausweg blieb, Schweine zu hüten, wird selbst dieser Posten dem Sonnenwirt verweigert"[23]

In Schillers Erzählung erhält der Nebenbuhler Robert Johannes Gunst. Bei Abel andererseits heiratet das Mädchen seiner Wahl ihn tatsächlich nach mehreren Zuchthaus Aufenthalten Schwans und sogar Gewaltandrohung seinerseits (Vgl. dazu: LGFS, 39-44). Wolf bleibt die Liebe versagt, Schwan hat sie sich schlicht genommen.

Nachdem Wolf von der Justiz in die Armut getrieben wurde und von der Gesellschaft jeglicher anderen Möglichkeiten beraubt wurde, wird er ein drittes Mal Wilddieb und ein drittes Mal wird er durch seinen Feind Robert erwischt und gemeldet. Im Gegensatz zu Abel inszeniert Schiller das Thema Wilderei, um Wolfs unverhältnismäßigen Ehrverlust in Szene zu setzen.[24] Die Verbrechen Schwans bei Abel sind unterschiedlich und viel zahlreicher. Aufgrund erschwerter Schuld durch doppelten Rückfall verurteilte man Wolf zu drei Jahren Haft auf der Festung (Vgl. dazu: VAI, 567-68). Diese Strafe bedeutet für ihn die völlige Entehrung.[25] Der Festungsaufenthalt hat fatale Auswirkungen auf seine Persönlichkeit. Weil ihn die natürliche Gesellschaft ausgestoßen hat, gewöhnt er sich an die Welt der Diebe und Mörder.[26] „Ich betrat die Festung als ein Verirrter (…) und verließ sie als ein Lotterbube" (VAI, 568). Von Mitinsassen wird er vehöhnt, wenn er von Gott spricht, man treibt ihn zur Gotteslästerung. Die Ausschweifungen im Gefängnis erfüllen ihn zunächst mit Ekel und Entsetzen, doch sich dieser Gespräche zu entziehen, würden für ihn den Verlust von jeglichen sozialen Kontakten bedeuten.[27] Auch Abel wirft ein, dass sein Held nach Aufenthalten im Zuchthaus zehnmal schlimmer zurückkam (LGFS,

---

[23] Vgl. dazu: AUERNHAMMER: Engagiertes Erzählen, 268.

[24] Vgl. dazu: BORGARDS: Tierbestand, 71.

[25] Vgl. dazu: NUTZ, Thomas: Vergeltung oder Versöhnung? Strafvollzug und Ehre in Schillers *Verbrecher aus Infamie*. In: Barner, Wilfried. Müller-Seidel, Walter. Ott, Ulrich: Jahrbuch der deutschen Schillergesellschaft. Bd. 42, Stuttgart, 1998, 155.

[26] Vgl. dazu: AVERIGNOU: Aufklärerische Botschaft und Erzähltechnik, 12.

[27] Vgl. dazu: NUTZ: Vergeltung oder Versöhnung, 159-60.

38-39). Gerade Schiller übt durch seine detaillierte Beschreibung der Stationen des Ehrverlustes Schwans starke Kritik am gängigen Vergeltungsprinzip der Rechtssprechung aus.[28]Dieser Kreislauf aus Rache und Vergeltung zwischen Justiz und Verbrecher schaukele sich hoch bis hin zur endgültigen Vergeltung, der Todesstrafe. Schillers Lösung dazu sei Folgende: Versöhnung.[29] Während die Rückkehr Wolfs nach seiner ersten Haftstrafe schon abgelehnt worden ist, erfährt er von der Gesellschaft nach seiner Festungshaft nun das volle Ausmaß der Ausstoßung. Selbst Kinder wollen nichts mit ihm zu tun haben, man grüßt ihn nicht. Die Einzige, die tiefer gesunken ist, ist Johanne als Prostituierte. Statt ihre Freude aufgrund des Wiedersehens zu erwidern, begegnet selbst Wolf ihr mit Verachtung.[30]

„Ich wollte böses tun. (…) Ich wollte mein Schicksal verdienen. (…) (E)hemals hatte ich aus *Notwendigkeit* und *Leichtsinn* gesündigt, jetzt tat ich's aus freier Wahl zu meinem Vergnügen" (VAI, 571).

Vom Staat und der Gesellschaft seiner Ehre beraubt, fügt er sich in seine Rolle als unmoralischer Verbrecher. Er wurde wieder Wilddieb und versorgte sich so mehrere Monate (Vgl. dazu: VAI, 571-72). Eines Morgens auf der Jagd entdeckt er den Jäger Robert, seinen Feind, vor sich im Wald:

Eine tödliche Kälte fährt mir bei diesem Anblick durch meine Gebeine. Just das war der Mensch, den ich unter allen lebendigen Dingen am gräßlichsten haßte, und dieser Mensch war in die Gewalt meiner Kugel gegeben. (…) Eine unsichtbare fürchterliche Hand schwebte über mir (…). Rache und Gewissen rangen hartnäckig und zweifelhaft, aber die Rache gewanns, und der Jäger lag tot am Boden (VAI, 572).

Schiller inszeniert den Mord als inneren Konflikt Wolfs, er zeigt einen Protagonisten auf, der keine Kontrolle mehr über seine Handlungen hat. Nicht er selbst handelt, sondern die Rache in ihm.[31] Der Mord ist nicht nur Produkt der ausstoßenden Gesellschaft, sondern auch das der menschlichen Schwäche.[32] Wolf klagt sich daraufhin selbst als „Mörder" an. Er rechnet sich selbst die Tat zu, doch der Leser sieht sie als Endpunkt seiner Entwicklung und hat keine andere Wahl, als seine Verbrechen nachzuvollziehen.[33]

---

[28] Vgl. dazu: AURNHAMMER: Engagiertes Erzählen, 265-66.
[29] Vgl. dazu: NUTZ: Vergeltung oder Versöhnung, 162.
[30] Vgl. dazu: AVERIGNOU: Aufklärerische Botschaft und Erzähltechnik, 12.
[31] Vgl. dazu: KIRCHMEIER: Moral, 14.
[32] Vgl. dazu: AVERIGNOU: Aufklärerische Botschaft und Erzähltechnik, 13.
[33] Vgl. dazu: KIRCHMEIER: Moral, 14.

Während bei Schiller der Mord aus einer tief verwurzelten Feindschaft und einem eifersüchtigen Wettstreit mit Robert entspringt, sind es bei Abel lediglich wiederholte Beleidigungen, die Wolfs Missgunst auf ihn zieht. Auch sind die räumlichen Gegebenheiten verschieden. Sind bei Schiller noch beide im Wald und mit Tötungsabsicht unterwegs, erschießt Abels Held seinen unbewaffneten Feind vom Wald aus auf einer Wiese. So scheint Schwans Entscheidung im Gegensatz zu der bei Schiller geschilderten willkürlich und grundlos.[34]

Nach dem Mord bleibt Wolf nichts als die Flucht, auf der er einen anderen Verbrecher trifft, der ihn in eine Räuberbande einführt, mit der er das folgende Jahr seines Lebens mit Raubtaten verbringt (Vgl. dazu: VAI,). Doch nach dieser Zeit befallen ihn Reuegedanken und er richtet, sowohl bei Schiller als auch bei Abel, Gnadengesuche an den Landesfürsten.[35] Doch alle drei Gnadengesuche bleiben ohne Antwort. Die weltliche Autorität des Fürsten wird nicht in Frage gestellt, aber es wird mit Hinsicht auf das Gottesgnadentum auf das Gebot der christlichen Nächstenliebe angespielt.[36]

Mit einem gestohlenen Pass will Wolf sich als Soldat für den preußischen König melden, um aus seinem verbrecherischen Leben auszubrechen. Doch zuvor wird er durch eine Stadtwache erfasst und vor den Amtsmann geführt (Vgl. dazu: VAI, 583-584). Doch erst, als der Amtsmann ein Verhältnis von Vertrauen und Achtung herstellt, erst als Wolf durch die Figur des Amtsmanns als Mensch Anerkennung findet, gesteht er seine Verbrechen.[37] Das Moment der Selbstidentifikation, „Ich bin der Sonnenwirt" (VAI,), zeigt Wolf als autonomes Subjekt und ist gleichzeitig die Schlussklammer zu den Worten am Anfang: „Christian Wolf wat der Sohn eines Gastwirts" (VAI,). Obwohl die Erzählung damit endet, besteht keine Offenheit und Unsicherheit.[38] Sein Selbstopfer ist moralische Auferstehung[39] und Selbst-Wiederherstellung.[40]

Anders als bei Schiller, wird bei Abel die Erzählung nach dem Geständnis weitergeführt. Anstatt durch sein Selbstopfer, erfährt Schwan moralische Besserung durch seine Haft

---

[34] Vgl. dazu: BORGARDS: Tierbestand, 76-77.
[35] Vgl. dazu: AURNHAMMER: Engagiertes Erzählen, 261.
[36] Vgl. dazu: Aurnhammer: Engagiertes Erzählen, 269.
[37] Vgl. dazu: KIRCHMEIER: Moral, 15.
[38] Vgl. dazu: AVERIGNOU: Aufklärerische Botschaft und Erzähltechnik, 16.
[39] Vgl. dazu: AVERIGNOU: Aufklärerische Botschaft und Erzähltechnik, 4.
[40] Vgl. dazu: NUTZ: Vergeltung oder Versöhnung, 162.

und seine Strafe. Durch diese werden seine Laster ausgerottet und es findet eine Versöhnung mit der Gesellschaft statt.[41]

2.3. Die erzählerische Gestaltung

Abels Text weist durchgängig einen berichtenden Erzähler auf (Vgl. dazu: LGFS). Ganz anders hingegen gestaltet Schiller seinen Text. Anstatt durchgängig bei der gleichen Erzählweise zu bleiben, wechselt die erzählerische Instanz laufend. So kann man den Text in fünf Erzählabschnitte[42] einteilen: Im ersten Erzählabschnitt wird die Vorgeschichte Wolfs von einem heterodiegetischen Er-Erzähler mit Außenperspektive berichtend beleuchtet. Daraufhin wechselt die Erzählinstanz zu einem autodiegetischen Ich-Erzähler mit Innenperspektive, der das Geschehen szenisch darstellt: Wolf spricht selbst.[43] Der erste Erzähler übernimmt wieder im dritten Erzählabschnitt und berichtet von Wolfs innerer Wandlung und seiner Flucht von der Räuberbande. Was darauf im vierten Teil folgt, ist ein zitierter Brief von Wolf an den Fürsten. Zuletzt, im fünften Teil, der von der Gefangennahme erzählt, wechselt unser erster, berichtende Erzähler zu unserem zweiten, szenischen Erzähler.[44] Auch das Erzähltempus sticht hervor: Zwischendurch wird von Präteritum zu Präsens gewechselt, was zu Vergegenwärtigung führt. Des Weiteren sehen wir am Schluss einen dramatischen Dialog, der ebenso wie die Vergegenwärtigung der Personalisierung des Texts dient.[45] Der Text appelliert durch den Ich-Erzähler an das Gefühl der Leser, durch den Er-Erzähler an den Verstand.[46] Wenn nun an Schillers Vorrede zurückgedacht wird, in der er eine neutrale und objektive Erzählung als sein Standard festsetzt, bemerken wir Folgendes:

> Aber trotz den Beteuerungen des Erzählers über seine Darstellungsmethode hat die Erzählung eine Botschaft zu vermitteln. Der auktoriale Erzähler hat schon am Anfang der Erzählung allgemeine Erörterungen eingeschoben, die alles andere als objektiv und unpersönlich sind. Die Hauptmerkmale auktorialen Erzählens (...) zeugen von einer starken Einmischung des auktorialen Erzählers in die Narration.[47]

---

[41] Vgl. dazu: KIRCHMEIER: Moral, 18-19.
[42] Vgl. dazu: AURNHAMMER: Engagiertes Erzählen, 261.
[43] Vgl. dazu: AVERIGNOU: Aufklärerische Botschaft und Erzähltechnik, 8.
[44] Siehe Fußnote 42.
[45] Vgl. dazu: AURNHAMMER: Engagiertes Erzählen, 262.
[46] Siehe Fußnote 42.
[47] Vgl. dazu: AVERIGNOU: Aufklärerische Botschaft und Erzähltechnik, 18.

Statt wie in seiner Vorrede beschrieben bei einer neutralen Schreibweise zu bleiben, um dem Leser sein eigenes moralisches Urteil zu erlauben, macht er doch genau das nicht. Durch seine Erzähltechnik leitet er den Leser von Anfang an in eine Richtung und manipuliert ihn so, dass er kaum eine andere Wahl hat, als das, was Schiller schildert zu glauben und seine Kritik ebenso innig zu empfinden.

3. Fazit

So unterschiedlich Schiller und Abel das Leben ihres Helden gestalten und erzählen, so unterschiedlich sind auch ihre moralischen Urteile. Sie gestalten schon die Jugend ihres Protagonisten unterschiedlich. Während Abel seine Möglichkeiten und guten Veranlagungen ausdrückt, betont Schiller die Grenzen, die ihm schon von Natur und von der Gesellschaft aus gesetzt sind. Waren es bei Schiller nur die Fälle von Wilderei, so waren es bei Abel noch unzählige andere Fehltritte. Schiller inszeniert insbesondere die Ausstoßung aus der Gesellschaft in Detail. Dort ist es primär diese Ablehnung, die Wolf in seine Verbrechen reitet, während bei Abel speziell seine Laster der Ursprung für seine Verbrechen sind. Einer der größten Unterschiede mag wohl sein, dass Schillers Held seine Ehre und Moralität durch seine eigene Willens- und Entscheidungsfreiheit wiederherstellt: Durch sein Selbstopfer. Bei Abel hingegen sind es erst seine Festsetzung, in der er beginnt, Reue zu empfinden, und seine Todesstrafe, durch die er erlöst und seine Ehre wiederhergestellt wird. Was schon im variierenden Inhalt zu erkennen ist, drückt sich auch durch die erzählerische Gestaltung aus. Schiller will seinen Helden auch sprechen lassen, er will seinem Publikum, wie in der Vorrede geschildert, ein eignes Urteil ermöglichen. Statt wie Abel von oben herab über Moral zu predigen, eröffnet Schiller persönliche Welten, die sowohl an Gefühl als auch an Verstand appellieren. Wenn man die Schuld suchen will, so findet man sie bei Abel primär im Verbrecher selbst und bei Schiller primär in den gesellschaftlichen Umständen. Auch Schillers Justizkritik ist deutlich ausgeprägter, prangert er doch das Vergeltungsprinzip an und thematisiert die Problematik der fürstlichen Willkür. Ein klares und endgültiges Urteil finden wir bei keinem der Autoren. Und dennoch eröffnen sie uns zwei Blickwinkel auf eine Thematik und überlassen so den Rest der Entscheidung und des moralischen Urteils uns.

4. Anhang

4.1. Primärquellen

ABEL, Jacob Friedrich: Lebens-Geschichte Fridrich Schwans. In: Steinbach, Dietrich: Friedrich Schiller „Der Verbrecher aus verlorener Ehre" Jacob Friedrich Abel „Lebens-Geschichte Fridrich Schwans" mit Materialien. Stuttgart, 1983, 29-71.

SCHILLER, Friedrich: Verbrecher aus Infamie. In: Dahn, Otto: Friedrich Schiller Werke und Briefe, Band 7. Frankfurt a. M. 2002 (Historische Schriften und Erzählungen II), 562-587.

4.2. Sekundärquellen

AURNHAMMER, Achim: Engagiertes Erzählen. „Der Verbrecher aus verlorener Ehre". In: Ders.: Schiller und die höfische Welt. Tübingen, 1990, 254-270.

AVERIGNOU, Sophia: Aufklärerische Botschaft und Erzähltechnik in Schillers *Der Verbrecher aus verlorener Ehre*. In: German Life and Letters 68, 2014, 1468-0483.

BORGARDS, Roland: Hirsche, Schweine, Hasen. Zum Tierbestand in Schillers *Verbrecher aus verlorener Ehre* und Abels *Lebens-Geschichte Friedrich Schwans*. In: Riedel, Wolfgang: Würzburger Schiller-Vorträge 2009. Würzburg, 2011, 63-82.

KIRCHMEIER, Christian: Die Moral des Verbrechers (Krippendorf, Schiller, Abel). In: Moral und Literatur. Ebd, München, 2013, 7-19.

NUTZ, Thomas: Vergeltung oder Versöhnung? Strafvollzug und Ehre in Schillers *Verbrecher aus Infamie*. In: Barner, Wilfried. Müller-Seidel, Walter. Ott, Ulrich: Jahrbuch der deutschen Schillergesellschaft. Bd. 42, Stuttgart, 1998, 146-164.

OETTINGER, Klaus: Schillers Erzählung „Der Verbrecher aus Infamie". Ein Beitrag zur Rechtsaufklärung der Zeit. In: Martini, Fritz. Müller-Seidel, Walter. Zeller, Bernhard: Jahrbuch der deutschen Schillergesellschaft. Bd. 16, Stuttgart, 1972, 266-276.

BEI GRIN MACHT SICH IHR WISSEN BEZAHLT

- Wir veröffentlichen Ihre Hausarbeit, Bachelor- und Masterarbeit

- Ihr eigenes eBook und Buch - weltweit in allen wichtigen Shops

- Verdienen Sie an jedem Verkauf

Jetzt bei www.GRIN.com hochladen und kostenlos publizieren